AF591935

FASTES.

À PARIS,

IMPRIMÉ, PAR ORDRE DU CONSEILLER D'ÉTAT
PRÉFET DU DÉPARTEMENT DE LA SEINE, CHEZ P. DIDOT L'AINÉ.

AN XIII. = M. DCCCIV.

FASTI.

PARISIIS,

EX MANDATO PRAEFECTI SEQVANAE

EXCVDEBAT P. DIDOT NATV MAIOR.

ANNO XIII. = M. DCCCIV.

FÊTES

DU

COURONNEMENT.

RAPPORT

AU CONSEILLER D'ÉTAT PRÉFET DU DÉPARTEMENT DE LA SEINE,

SUR LES INSCRIPTIONS DE LA SALLE DU BANQUET A L'HOTEL-DE-VILLE DE PARIS.

Le Conseiller d'Etat Préfet desire que la salle du banquet impérial dans l'Hôtel-de-ville soit décorée d'attributs et d'inscriptions militaires: il adopte pour ces inscriptions la langue latine, et il indique pour modele les fastes triomphaux des Romains.

Conformément aux intentions de M. le Conseiller d'État Préfet, celui des chefs de son administration qu'il a chargé de ce travail a l'honneur de lui faire le rapport suivant.

Le but qu'on se propose en rédigeant des fastes est de transmettre à la postérité par des inscriptions durables l'indication sommaire des principaux faits glorieux d'une nation. Ces inscriptions sont donc à l'égard de l'histoire ce que les sentences sont à l'égard de la morale; les unes et les autres, présentées même en langue vulgaire, peuvent, sans être obscures, exiger cependant de la réflexion pour être comprises.

Quoi de plus simple, par exemple, que l'inscription suivante,

PASSAGE DU TAGLIAMENTO?

et pourtant combien d'idées de géographie, de politique et d'histoire doivent se succéder pour qu'on arrive à comprendre exactement tout ce que ces trois mots annoncent d'honorable et de glorieux?

Indépendamment de la langue qu'on y emploie, et par la nature même de son langage, l'inscription est donc généralement au-dessus de l'intelligence vulgaire; et la cause en est sans doute tout à la fois et dans le laconisme de son style, et dans l'usage où l'on est d'y suppléer souvent les faits par des allusions.

Le style lapidaire est assujetti, en quelque langue que ce soit, à des regles très rigoureuses; les inscriptions doivent être courtes, concises, simples, et graves. La briéveté, selon Quintilien, *brevitas integra*, exige que la pensée soit renfermée dans une seule période. La concision rejette toute expression superflue qui n'ajoute rien à l'intérêt du récit. La simplicité exclut toute figure, toute épithete, toute pensée trop fine. Enfin la gravité se reconnoit à la majesté de l'expression qui, dépouillée d'ornements étrangers, doit attacher l'esprit par la grandeur seule de l'action, ou par l'importance du fait dont on veut conserver le souvenir.

Les marbres antiques sont les meilleurs modeles en ce genre : on n'y lit presque autre chose que de simples faits, des noms de lieux, et des dates; ils sont sur-tout exempts, si l'on en excepte ceux qui appartiennent aux siecles dégradés, de cette enflure exagérée dont l'histoire, et sur-tout l'analyse de l'histoire n'ont pas besoin pour honorer les grands hommes.

On doit avouer que chez les peuples anciens dont les monuments sont parvenus jusqu'à nous les inscriptions publiques étoient rédigées en langue vulgaire. Il faut cependant en excepter les Egyptiens, dont il nous reste des inscriptions en deux langues contemporaines, la langue vulgaire et la langue sacrée. Cet exemple suffit pour prouver que chez un des plus grands peuples connus de l'antiquité la lecture de toutes les inscriptions n'étoit pas mise à la portée de la multitude.

Mais, dira-t-on, chez les Grecs et les Romains, que nous prenons si souvent pour modeles, les inscriptions publiques étoient rédigées en langue vulgaire. Il est vrai que l'on s'est prévalu beaucoup de ces exemples à une époque où l'on agita assez vivement parmi nous la question de savoir si pour nos inscriptions nationales la langue latine devoit être préférée à la langue française; on ne manqua pas alors de tirer de ces prétendus exemples des conséquences en effet très spécieuses: mais on prouvera bientôt que le point de comparaison qui servoit de base aux prétentions élevées en faveur de la langue française étoit mal établi.

Cette dispute célebre commença en 1676, et paroît n'avoir été terminée qu'en 1684: elle naquit à l'occasion du monument de la porte

Saint-Denys. M. Charpentier, de l'Académie française, ayant fait un discours pour prouver que la langue nationale étoit la seule qu'il convînt d'employer pour les inscriptions de ce monument, ce discours fut attaqué par M. l'abbé Bourzeis. M. Charpentier répliqua par un second discours beaucoup plus étendu que le précédent. Ces deux écrits forment un volume intitulé, Défense de la Langue française. Le P. Lucas, jésuite, reprit l'attaque dans un discours latin, *de Monumentis publicis latinè inscribendis oratio*, 1677. L'académicien répliqua de nouveau dans un ouvrage en deux volumes, intitulé, de l'Excellence de la Langue française, 1683.

On trouve dans ces trois volumes de M. Charpentier un exposé très étendu des motifs les plus ingénieux en faveur de notre langue, et les raisonnements les plus captieux contre l'emploi exclusif de la langue latine; la matiere fut même tellement épuisée dans cette discussion par l'académicien, qu'il seroit impossible aujourd'hui d'ajouter un argument nouveau en faveur de la langue française, si l'on vouloit réveiller cette ancienne dispute.

La plus forte preuve en faveur de la langue latine étoit tirée de l'instabilité de la nôtre, dont les expressions en vieillissant finissent par devenir inintelligibles. M. Charpentier répliqua en alléguant l'exemple des Grecs et des Latins : Leur langue, dit-il, étoit sujette au même inconvénient, et cependant ces deux peuples s'en servirent dans leurs inscriptions publiques. Ensuite pour détruire, ou plutôt pour atténuer les motifs de la préférence que semble réclamer la langue latine à raison de sa fixité, il prétend que la langue française au temps où il écrit est également fixée par les ouvrages des bons auteurs, et il en cite pour preuve l'Histoire romaine de Coeffeteau, et même les Poésies de Malherbe.

Les citations seroient sans doute plus heureuses aujourd'hui qu'elles ne purent l'être quarante ans seulement après la naissance de l'Académie française, et dans un temps où Racine et Boileau n'avoient pas encore acquis toute leur autorité. Néanmoins les mêmes difficultés resteroient à combattre; car pour pouvoir revendiquer en faveur de notre langue la prérogative d'être exclusivement employée dans les inscriptions il ne suffiroit pas d'alléguer qu'elle est maintenant fixée, il faudroit pouvoir encore garantir qu'un jour ses expressions vieillies ne deviendront point ridicules au jugement de nos descendants; enfin, pour que l'exemple des Grecs et des Romains fût parfaitement concluant à notre égard, il faudroit prouver que lorsqu'ils gravoient leurs inscriptions en langue vulgaire ils négligeoient une langue morte, qui, dans tous les points de comparaison, étoit à leur égard ce que la langue latine est maintenant à la langue française.

Le véritable état de la question n'est donc pas de nous mettre à la place des Romains comparés avec les Grecs, mais de mettre les Romains à la nôtre, de les comparer avec eux-mêmes, et de se demander s'il est ou non présumable que s'ils avoient eu à leur disposition une langue perfectionnée et invariable comme langue morte, classique chez tous les peuples de l'Europe, et par-dessus tout dépositaire du plus grand nombre des connoissances anciennes et contemporaines, ils lui auroient préféré une langue vivante et variable? Mais se proposer une telle question n'est-ce pas se demander si ces peuples auroient été jaloux de propager chez toutes les nations l'histoire de leurs hauts faits, et d'en confier la mémoire à la postérité dans une langue qui leur auroit offert, comme nous l'offre la latine, une perfection inaltérable? Et nous, cependant, nous qui, à leur exemple, employons le marbre et l'airain pour ériger des monuments historiques, nous négligerions dans les inscriptions de ces monuments la langue dans laquelle Horace écrivoit cette prédiction aujourd'hui vérifiée :

Exegi monumentum ære perennius.

Tels sont, indépendamment de beaucoup d'autres motifs, ceux qui semblent déterminer la préférence en faveur de la langue latine; ils ne furent pas même employés dans la dispute dont on vient de tracer le sommaire, et pourtant la langue latine l'emporta, puisque les inscriptions de la porte Saint-Denys furent effectivement rédigées en cette langue. A cet exemple, d'autant plus remarquable que la discussion avoit été plus solennelle, on peut ajouter la pratique universelle des nations civilisées de l'Europe; de l'Italie même, qui, malgré qu'elle puisse se flatter à juste titre de posséder la langue la plus classique de toutes les vivantes, n'en a pas moins constamment rédigé ses inscriptions historiques en langue latine.

Maintenant pourquoi dans nos temps modernes s'est-on appliqué de préférence à composer des inscriptions détachées, au lieu de faire usage du modele d'inscriptions suivies qui nous étoit offert dans les fastes triomphaux des Romains? ces fastes pourtant étoient déja connus; mais peut-être la simplicité même de leurs formules a-t-elle détourné de leur imitation.

Les fastes triomphaux, à l'exemple desquels on a rédigé ceux qui vont être présentés à la suite de ce rapport, sont gravés sur des marbres dont les fragments furent trouvés à Rome, en 1547, près du temple d'Antonin et de Faustine: on peut dire en passant que sur l'autorité de ces marbres bien des erreurs introduites par les manuscrits mêmes dans la chronologie de l'histoire ont été réformées; ce sont eux qu'Horace avoit en vue dans ces vers:

...incisa notis marmora publicis
Per quæ spiritus et vita redit bonis
Post mortem ducibus.

L. IV, OD. 8.

Long-temps on avoit cru que ces fastes avoient eu pour auteur Verrius Flaccus; Panvini étoit de cette opinion: Suétone dit en effet, dans la vie de Flaccus, qu'il avoit rédigé des fastes; mais ceux-ci ayant été retrouvés, on a pu juger combien ils étoient différents des marbres capitolins, puisqu'ils n'étoient en effet que ceux de la ville de Præneste.

Découverts par les soins du cardinal Alexandre Farnese, les fastes triomphaux ont été placés au Capitole, et incrustés dans des pilastres sur les dessins de Michel-Ange Buonarroti. Il paroît qu'ils furent rédigés du temps d'Auguste; du moins les caracteres et l'orthographe sont de ce temps, et leur série chronologique, quoiqu'interrompue, s'étend depuis les premiers siecles de Rome jusqu'à celui de cet empereur.

En rédigeant sur ce modele une partie des fastes de notre histoire, on a pensé qu'il ne seroit pas inutile de mêler aux faits qui s'y trouvent consignés quelques rapprochements historiques et géographiques.

Cette méthode, il est vrai, n'est point autorisée par l'exemple des fastes; mais si elle contribue à répandre plus d'intérêt sur le sujet traité, la censurer ce seroit être trop rigoureux: au reste, en saisissant bien le cadre dans lequel on a essayé de renfermer la série des faits, il sera facile de voir qu'on ne s'est proposé d'imiter rigoureusement la formule des fastes triomphaux que dans la premiere et la vingt-troisieme inscription; une répétition plus fréquente de la même formule eût paru monotone et affectée: mais on s'est réglé pour toutes les autres sur le style des inscriptions les plus simples de l'antiquité.

On s'est d'ailleurs assuré avec soin des positions de géographie antique et moderne, et de leurs rapports avec les faits, soit en consultant les ouvrages de Cluvier, de Cellarius et de Danville, soit en comparant les cartes de ces auteurs avec une carte très détaillée de l'Italie gravée en seize feuilles, et publiée à Rome, en 1793, par dom Jean-Marie Cassini.

Quant aux faits principaux, ils ont été puisés dans les rapports officiels du général en chef; et, sur le détail des marches, on a consulté les ouvrages suivants:

Campagne du Général Bonaparte en Italie pendant les années IV et V de la République française, par un officier général. Paris, an V (1797).

Campagne des Français en Italie en 1800, sous le commandement de Bonaparte et de Berthier, par W.... officier attaché à l'état-major; pour servir de suite à la campagne des Austro-Russes en Italie. A Leipsick, 1801.

Quelques notes ont paru nécessaires pour faciliter l'intelligence du style, ou pour justifier l'emploi des matériaux puisés dañs l'histoire ancienne et moderne; elles sont placées à la suite des fastes, et se rapportent au numéro de chaque inscription.

Ce travail est loin sans doute de la perfection dont il seroit susceptible; mais l'auteur compte sur quelque indulgence, à raison sur-tout de la difficulté du genre; et il s'estimeroit encore heureux s'il étoit jugé avoir approché assez près du but pour répondre le moins mal possible aux intentions du Magistrat, et à la solennité de la circonstance.

L. PETIT-RADEL,
Historiographe adjoint.

FASTES
DE NAPOLÉON.

FASTI NEAPOLIONEI.

I.

VAINQUEUR

A MONTE NOTTE

A MILLESIMO

A MONDOVI

LES XI, XIV, XVI

AVRIL.

I.

OVANS

EX . MONTE . NOLI

III . ID . APRIL.

EX . MILLESIMO

XVIII.

EX . POLLENTIA

XVI . KAL . MAI.

II.

SUR LES RIVES

DE LA STURE ET DU TANARO

PRISE D'ALBE

ET DE PLUSIEURS CITADELLES

LE XXV AVRIL

REDDITION DE CEVA

ET DE TORTONE

LE XXIX AVRIL.

II.

AD . STVRAM

TANARVM . Q.

CEPIT . ARCES . PLVRES

CVM . ALBA . POMPEIA

VII . KAL . MAI

III.

CEBA . DERTONA.

RECEPTAE.

III.

AU CONFLUENT

DE LA TREBIA

OU TITUS SEMPRONIUS

COMBATTIT

SOUS DES AUSPICES FUNESTES

PASSAGE DU PO

LE VII

COMBAT DE FOMBIO

LE VIII MAI.

III.

AD
CONFLVENTEM
TREBIAM
T. SEMPRONIO . OMINOSAM
TRAIECTVS . PADI
NON . MAI
CERTAMEN . FOMBI
VIII . ID.

IV.

BATAILLE DE LODI

LE XI MAI.

LE XIV

IL PREND CREMONE

D'OU LE CONSUL P. CORN. SCIPION

PUT A PEINE ÉCHAPPER

DES MAINS D'ANNIBAL.

IV.

PVGNA

AD . LAVDEM . POMPEIAM

V . ID . MAI

PRID . ID.

CEPIT . CREMONAM

VNDE

P . CORN . SCIPIO . COS

HANNIBALEM

VIX . EVASIT.

V.

IL PASSE LE MINCIO

PREND PESCHIERA

LE PREMIER JUIN

FAIT SON ENTRÉE

DANS VÉRONE

LE III.

V.

MINCIO
TRAIECTO
CEPIT . ARDELICAM
KAL . IVN.
POSSESSA
IPSO . TRANSITV
VERONA
III . NON . IVN.

VI.

FERRARE

ANCONE BOLOGNE

ÉTANT LIVRÉES

LES DESCENDANTS

DES PICENTINS DES SENONIENS

DES BOIENS ET DES LINGONIENS

SONT RÉDUITS

A L'OBÉISSANCE

LE XXVI JUIN.

VI.

FORO . ALLIENI

FELSINA . ANCONA

RECEPTIS

PICENTES . SENONES

BOI. LINGONES

AD . OBSEQVIVM

REDACTI

VI . KAL. QVINTIL

VII.

TROIS JOURS DE SUITE

IL MET L'ENNEMI

EN DÉROUTE

AUX BORDS DE LA CHIESE

ET DU LAC DE GARDA

LES II, III, ET IV

AOUST.

VII.

HOSTIS

PER . TRIDVVM

FVSVS

AD . CLEVSIM . ET . BENACVM

IV . NON.

III . NON.

PRID . NON . SEXTIL.

VIII.

BATAILLE DE PESCHIERA
LE VI AOUST
VERS L'ADIGE
ET LE LAC D'EDRO
PRISE DE IV FORTERESSES
LES X ET XI AOUST

VIII.

PVGNA.

ARDELICENSIS

VII . ID . SEXTIL.

AD . ATHESIM

EDRVM . Q.

ARCES . IV . CAPTAE

III . ID.

PRID . ID . SEXTIL.

IX.

AUX GORGES
DES MONTS EUGANÉENS
FAMEUX
PAR LA DESERTION DE SCAURUS
ET LA FUITE
DU PROCONSUL CATULUS
BATAILLE DE ROVEREDO
LE VI
DE BASSANO SUR LA BRENTA
LE VIII SEPTEMBRE.

IX.

AD
FAVCES . EVGANEAS
DEFECTIONE . SCAVRI
FVGA.
CATVLI . PROCOS.
INFAMES
PRAELIVM . ROVEREDI
VIII.
BASSANI . AD . MEDOACVM.
VI . ID . SEPT.

X.

ON COMBATTIT
DANS LES CAMPS DE CECINA
PRES LE TARTARO
LES XIII ET XIV SEPTEMBRE
LE BLOCUS DE MANTOUE
FUT COMPLET LE VIII OCTOBRE
XXII JOURS APRES LA BATAILLE
DE SAINT GEORGE.

X.

CASTRIS . CAECINAE

AD . TARTARVM

PVGNATVM

ID . SEPT . XVIII . KAL . OCTOB.

POSSESSA . Q . PRAELIO.

SVBVRBIA MANTVAE

OMNI . COMMEATV

INTERCLVSAE.

VIII . ID . OCTOBR.

XI.

A ARCOLE

L'ENNEMI OCCUPANT

LA TETE DU PONT

IL Y PORTE L'ENSEIGNE

ET LA VICTOIRE

LE XIX NOVEMBRE.

XI.

AD
ARCVLVM
PONTI . OBSESSO
PROPOSVIT . SIGNVM
SIGNIFER . IPSE
MOX . VICTOR
XIII . KAL . DEC.

XII.

BATAILLE DE RIVOLI

XV JANVIER

IL PREND MANTOUE

PROTEGE ANDES

EN MÉMOIRE DE VIRGILE

LE II FÉVRIER.

XII.

PVGNA . AD . RIVVLOS

XVIII . KAL . FEBR.

MANTVAM . CAPIT

ANDES . VIRGILIO

SERVAT

IV . NON . FEBR.

XIII.

LE RUBICON PASSÉ

IL MARCHOIT SUR ROME

IL LA RESPECTE

LE XXIV FÉVRIER

LE MEME JOUR ON STIPULE

LA REMISE

DES MANUSCRITS DES TABLEAUX

ET DES STATUES.

XIII.

RVBICONE
TRANSGRESSO
ABSTINET . ROMA
VI . KAL . MART.
CODICES . TABVLAE
SIGNA . PACTA.

XIV.

PASSAGE

DU TAGLIAMENTO

LE XVI MARS

L'ENNEMI

EST PLUSIEURS FOIS BATTU

A XI MILLES D'AQUILÉE

ET GRADISCA PRISE

LE XIX MARS.

XIV.

TRAIECTVS

TILAVENTI

XVII . KAL . APRIL.

IT. ATQ. ITERVM

HOSTE . AD . VNDECIMVM

PROFLIGATO

GRADISCA . CAPTA

XIV . KAL . APRIL.

XV.

SUR LES SOMMETS
DES ALPES CARNIQUES
COMBAT DE TARVIS
LE XXIII
PRISE DE TRIESTE
LE XXIV MARS.

XV.

AD . SVMMAS
ALPES . CARNICAS
PRAELIVM . TARVISII
X . KAL . APRIL.
CAPTA. TERGESTE
IX.

XVI.

AVANCÉ

DANS LA NORIQUE

AU-DELA

DE LA DRAVE

IL S'ARRETE

LE VII AVRIL.

XVI.

NORICVM

VLTRA . DRABAM

PROGRESSVS

SISTIT

VII . ID . APRIL.

XVII.

DANS SON TRAJET D'ÉGYPTE

IL PREND MALTE

LE XIII JUIN

ALEXANDRIE

LE PREMIER JUILLET.

XVII.

IN

AEGYPTVM

TRAIICIENS

CEPIT MELITAM

ID. IVN.

ALEXANDRIAM

KAL. QVINT.

XVIII.

BATAILLE
DES PYRAMIDES
LE XXI JUILLET
PRISE DU CAIRE
ET DE TOUTE
LA BASSE ÉGYPTE
LE XXIII.

XVIII.

AD PYRAMIDES

PRAELIATVM

XII . KAL . SEXTIL.

CEPIT . ALKAIRAM

TOTAM . Q.

AEGYPTVM . INFERIOREM

X . KAL . SEXTIL.

XIX.

SUR UNE FRÉGATE

IL TRAVERSE

UNE MER

INFESTÉE D'ENNEMIS

ABORDE A FRÉJUS

LE X OCTOBRE

ET CHANGE

LES DESTINS DES GAULES.

XIX.

INFESTO . MARI

LIBVRNA . TRAIECTO

FORVM . IVLI

OCTAVANORVM

REGRESSVS

VI . ID . OCTOBR.

FATA . GALLIARVM

VERTIT.

XX.

IL FRANCHIT LES SOMMETS

DES ALPES PENINES

RENOUVELLE

LES CAMPS D'ANNIBAL

VERS LE TESIN

CEUX DE MARIUS

AUX CHAMPS RAUDIENS

LE XVI MAI.

XX.

SVPERATIS

ALPIBVS . PENINIS

INSTAVRAT

CASTRA . HANNIBALIS

AD . TICINVM

C . MARI

AD . CAMPOS . RAVDIOS

XVII . KAL . IVN.

XXI.

IVRÉE VERCEIL NOVARE

SONT REPRISES

ON S'EMPARE

DE TOUS LES MAGASINS

DE L'ENNEMI

PRES DE BRESCIA

DE CREMONE ET DE PLAISANCE

LE VII JUIN.

XXI.

EPOREDIA

VERCELLAE

NOVARIA . RECVPERATAE

BRIXIAE

CREMONAE . PLACENTIAE

HOSTIS . HORREA

INTERCEPTA

VII . ID . IVN.

XXII.

A CASTEGGIO

OU

M. CLAUD. MARCELLUS

REMPORTA

LES DÉPOUILLES OPIMES

IL COMBAT

DURANT UN JOUR ENTIER

LE IX JUIN.

XXII.

AD

CLASTIDIVM

VBI

M . CLAVDIVS . MARCELLVS

SPOLIA . OPIMA . RETTVLIT

PER . DIEM . INTEGRVM

PVGNAT.

V . ID . IVN.

XXIII.

LE XIV JUIN

IL TRIOMPHE

A MARENGO

DES GERMAINS DES RUSSES

DES ITALIENS

DES ANGLAIS

CONFÉDÉRÉS.

XXIII.

DE

FAEDERATIS

GERMANIS . ROXOLANIS

ITALIS . BRITANNIS

EGIT

EX . MARENGO

XVIII . KAL . QVINTIL.

XXIV.

CONSUL PERPÉTUEL

PAR UN DÉCRET DU SÉNAT

SANCTIONNÉ PAR LE PEUPLE

IL FERME

LE TEMPLE DE JANUS

ET CONCLUT A AMIENS

LE XXVII MARS

LA PAIX

QU'IL AVOIT CONQUISE.

XXIV.

S . C.

PLEBIS . Q . SCITO

COS . PERPETVVS

AMBIANI

PACE . PARTA

IANVM . CLVSIT

VI . KAL . APRIL.

XXV.

SALUÉ

EMPEREUR

PAR UN SÉNATUS-CONSULTE

IL EST COURONNÉ

LE II DÉCEMBRE.

XXV.

IMPERATOR

SENATVS . CONSVLTO

SALVTATVS

LAVREATVS

PROCESSIT

IV . NON. DECEMB.

N. B. La disposition typographique de cet ouvrage n'ayant pas permis de placer le millésime de l'année au bas de chaque page, on les reporte ici en note.

Les inscriptions numérotées de I à XI inclusivement doivent porter le millésime suivant :

CIↃIↃCCLXXXXVI;

de XII à XVI . . . . CIↃIↃCCLXXXXVII;

de XVII à XVIII. . . . . . CIↃIↃCCLXXXXVIII;

XIX . . . . CIↃIↃCCLXXXXIX;

de XX à XXIII . . . . . . CIↃIↃCCC;

XXIV . . . . CIↃIↃCCCII;

XXV . . . . CIↃIↃCCCIIII.

NOTES.

(Le chiffre romain indique le rapport des notes avec le numéro semblable dont chaque inscription est précédée.)

NEAPOLIONEI. Dans un recueil de Gori, intitulé, *Symbolæ Litterariæ*, on trouve une dissertation sur un ancien sceau qui porte l'inscription suivante : SIGNVM ADELINAE VXORIS NAPOLIONIS DE FILIIS VRSI. Cette inscription n'étant pas du bon temps de la latinité, on a préféré de suivre la regle tirée de l'étymologie. NEAPOLION au nominatif est un nom qui dérive de NEAPOLIS, nouvelle ville ; il doit conserver par-tout les deux voyelles initiales.

I.

OVANS. Dans l'ovation le triomphateur sacrifioit une brebis, *ovem*. Cette espece de triomphe a pris de là sa dénomination : on en lit ainsi la formule sur les marbres capitolins : C. IVLIVS. C. F. C. N. CAESAR. VI. DICT. IIII. OVANS. EX. MONTE. ALBANO.

EX POLLENTIA. On n'a point ici confondu Mondovi avec Polenza; mais cette derniere position offroit un nom antique sur un territoire où l'armée française prit quatre forteresses immédiatement après la bataille de Mondovi : il étoit alors plus conforme au style lapidaire de fixer ce triomphe par le nom de Pollentia, qui appartient à la même époque de succès.

II.

ARCES PLVRES. Cherasco, Fossano, Bene, sont ici sous-entendues dans une phrase collective. La même raison qui ne nous a pas permis d'adopter le mot ovation dans la traduction française, ne nous permet pas à plus forte raison d'introduire des mots barbares dans la langue latine; cette licence ne nous paroît tolérable que dans les inscriptions où nous devons nécessairement citer tel qu'il est un nom de lieu devenu très célebre, quoiqu'auparavant très vulgaire.

III.

OMINOSAM. Messala (Ap. Gellium, l. 13, c. 14), en parlant du mont Aventin, où Remus consulta les auspices, dit, *Mons avibus obscenis ominosum.* Analysons Tite-Live (l. 21, c. 45 et 56): P. Corn. Scipion, après avoir été battu, dangereusement blessé, et préservé de la mort par son fils l'Africain entre le Tesin et Novare, repassa le Pô, et vint à Plaisance. C'est dans la partie marécageuse et voisine du confluent de la Trébia que Sempronius, par opiniâtreté et par envie, voulut, malgré son collegue, livrer bataille à Annibal; on sait que le consul romain y fut complètement battu. Les Français passerent le Pô devant Plaisance sur un point peu éloigné du champ de bataille où les Romains essuyerent cette défaite: c'est précisément au même point que l'avant-garde de Cecina, général du parti de Vitellius, passa le Pô sous les yeux de Spurinna, général du parti d'Othon, qui s'étoit renfermé dans Plaisance (Tacit. i. Hist., l. 11).

IV.

AD LAVDEM POMPEIAM. Ce nom ne désigne pas ici la ville actuelle, mais l'ancienne qui étoit située à trois milles de Lodi, au lieu appelé *Lodévé*. Asconius Pedianus, sur l'oraison de Cicéron contre Pison, nous apprend que Cn. Pompeius Strabon fonda plusieurs colonies dans la Cisalpine; probablement Albe et l'ancienne Lodi lui doivent leur surnom.

HANNIBALEM VIX EVASIT. Après la défaite de Sempronius, Scipion s'étoit retiré à Crémone, où il faillit être pris. (App. Annibalic.)

V.

CEPIT ARDELICAM. La forteresse de Peschiera est bâtie sur l'emplacement de l'antique Ardelica. Cluvier rapporte une inscription déterrée sur le lieu même; on y lit, COLLEGIO NAVICVLARIORVM ARDELICENSIVM.

VI.

FORO ALLIENI. Ferrare occupe l'emplacement de ce bourg antique: on peut conjecturer qu'il tiroit son origine et son nom d'Allienus Cecina, qui fit la guerre dans cette partie de l'Italie.

FELSINA. Bologne portoit ce nom à l'époque de Tarquin l'Ancien, où le territoire des Etrusques s'étendoit jusque-là (Plin., liv. 3, c. 20.)

PICENTES. C'étoit une colonie partie de la Sabine, selon Strabon, liv. 5; la métropole étoit une des plus anciennes colonies pélasgiques selon Denys d'Halicarnasse, liv. 1. Nous croyons avoir ailleurs démontré ce fait en établissant la théorie des monuments attribués aux Cyclopes par les anciens: nous avons indiqué à ce sujet la conformité absolue qui règne entre la forme et l'emploi des matériaux de trente-cinq citadelles des plus antiques de la Grèce, et de cent douze monuments semblables qu'on cite disperses sur les sommets de l'Apennin.

Les autres peuples, cités dans la même inscription, étoient originaires de Sens, de Langres, et peut-être des environs d'Autun.

VII.

AD CLEVSIM, etc. La défaite de l'ennemi à Lonado, les victoires de Castiglione et Monte-Chiaro, le combat de Gavardo, sont ici réunis et fixés par la position géographique du fleuve et du lac dans les environs desquels ces actions ont eu lieu.

VIII.

AD. ATHESIM. EDRVM. Q. On a rallié à ces deux positions la prise de Monte-Baldo, la Corona, Preabalo, et Rocca-d'Anfon.

IX.

FVGA CATVLI. Les Cimbres étant descendus des montagnes de Trente, Q. Catulus étant campé aux gorges de l'Adige pour s'opposer à leur irruption, Scaurus commença la déroute en désertant avec sa cavalerie. Catulus prit alors le parti de simuler une retraite en faisant précéder ses troupes par les enseignes; mais la déroute des Romains est néanmoins constatée dans l'histoire.

X.

CASTRIS CAECINAE. Tacite (Hist., liv. 3), rapporte que Cecina établit son camp entre *Hostilia* et les marais formés par la rivière du

Tartaro ; ce fleuve, ainsi que le village d'Ostiglia portent encore tous deux leur ancien nom. Ostiglia n'est éloigné que de huit milles de Cerea, où s'engagea l'action, qui fut suivie du combat de Castellaro, de la prise de Legnago, du combat de Due-Castelli, et de la bataille de Saint-George, qui compléta le blocus de Mantoue, où l'illustre et malheureux Wurmser fut obligé de se renfermer. C'est sur les détails des dépêches officielles comparées avec le passage de Tacite qu'on s'est appuyé pour dire que dans ces différentes actions les Français combattirent dans les camps de Cecina.

XI.

PROPOSVIT. Cette expression fut employée par César pour signifier l'action de porter en avant l'enseigne au moment du combat: *Cæsari omnia uno tempore erant agenda. Vexillum proponendum, quod erat insigne cùm ad arma concurri opporteret....* (l. 2, Bell. Gall., c. 20).

Calderio, souvent cité dans le récit de la bataille d'Arcole, est un village dont le nom signifie ruisseau d'eaux thermales. Cluvier rapporte une inscription trouvée sur le lieu même, et par laquelle il est constaté qu'un ruisseau voisin s'appeloit FONTES IVNONIS. Danville a adopté cette position dans ses cartes.

XII.

ANDES. Patrie de Virgile, aujourd'hui Pietolo. Le général en chef ordonna que ce hameau fût indemnisé des dommages qu'il avoit soufferts pendant le siege de Mantoue.

XIII.

RVBICONE. En comparant ensemble les cartes de Cluvier, de Danville, et la carte très moderne de Cassini, nous fixons avec Danville la limite de la Cisalpine au petit fleuve qui prend sa naissance à deux milles orient de Cesena; il se nomme Rugone à sa source, selon Cluvier; Cassini le nomme Pisatello : il reçoit sur sa droite les deux fleuves indiqués par Cluvier, nommés Rigosa et Fiumesino par Cassini. Le Pisatello doit être le Rubicon, puisqu'il s'accorde avec la limite, et qu'il conserve encore les traces de son ancien nom dans le nom actuel de sa source, *Rugone*. D'après les dates des dépêches officielles, le général en chef étoit à Faenza le 15 pluviose, à Macerata le 27 : c'est entre ces deux dates qu'il a dû passer le Rubicon dans son expédition de la Romagne.

XIV.

AD VNDECIMVM. C'est-à-dire au onzieme mille d'Aquilée; position de Gradisca, selon Cluvier.

XV.

SVMMAS ALPES. Voici ce que porte à ce sujet la dépêche du général en chef : « Le combat de Tarvis s'est donné au-dessus des « nuages sur une sommité qui domine l'Allemagne et la Dalmatie; « dans plusieurs endroits où notre ligne s'étendoit il y avoit trois « pieds de neige ». Quiconque a été témoin du spectacle dont jouit le voyageur lorsque les nuages qu'il a sous les pieds ont pour lui l'appa rence d'une vaste mer, et que les sommets des montagnes lui semblent être autant d'isles détachées sur cet horizon nébuleux, peut comprendre jusqu'à quel point va la sévérité du style lapidaire, qui doit abandonner une aussi belle description au pinceau de la poésie. Danville a fixé la position de Tarvis, qu'il ne faut pas confondre avec Trévise.

XVI.

SISTIT. L'armée française arriva dans le duché de Styrie jusqu'à Lewben, sur les bords de la Muchr.

XVIII.

ALKAIRAM. C'est l'ancienne Babylone d'Égypte : on a cru devoir préférer le nom arabe comme étant plus connu.

XIX.

OCTAVANORVM. Cette addition a paru nécessaire pour spécifier Fréjus ; car le Frioul, etc. portent aussi le nom de *Forum Julii*.

XX.

AD CAMPOS RAVDIOS. Marius défit les Cimbres aux champs Raudiens ; Cluvier marque cette position à Rubio, village situé entre Novare et Verceil ; Danville les place à Rhò, au-dessus de Milan, sur les rives de l'Olona. Plutarque *in Mario* dit que cette bataille mémorable eut lieu près de Verceil ; son témoignage est plus favorable au sentiment de Cluvier qu'à celui de Danville. Dans les deux cas on a pu dire que les Français ont campé dans les champs Raudiens.

puisque Verceil et Milan furent les deux points de leur réunion après le passage des Alpes.

XXII.

CLASTIDIVM. C'est à Casteggio que les magasins des Romains furent livrés à Annibal; ils nourrirent son armée pendant tout le temps qu'elle campa vers la Trebia.

SPOLIA OPIMA. On se rappelle que pour obtenir ces dépouilles il falloit, combattant sous ses propres auspices, tuer soi-même le général ennemi et lui enlever son armure. Marcellus tua Virdumarus, roi des Gésates, précisément à Casteggio; ce fait est ajouté dans les fastes à la formule de son triomphe: on ne compte dans l'histoire romaine que trois exemples de dépouilles opimes.

XXIII.

EGIT. Le mot triomphe ne se rencontre nulle part dans les marbres capitolins; il y est seulement sous-entendu comme dans l'inscription de Lutatius Catulus, où il est dit EX SICILIA NAVALEM EGIT. Souvent le mot EGIT étoit sous-entendu lui-même. La modestie publique ne toléroit pas alors de formule plus pompeuse que la suivante:

L. CORNELIVS, L. F. CN. N. SCIPIO. COS.
DE. POENIS. ET. SARDINIA. CORSICA.

On compte dans l'histoire romaine trois cent cinquante triomphes depuis Romulus jusqu'à Bélisaire.

FIN.

www.ingramcontent.com/pod-product-compliance
Ingram Content Group UK Ltd.
Pitfield, Milton Keynes, MK11 3LW, UK
UKHW022118260726
13993UKWH00003B/1098